U0024579

　　傍晚黃色的斜陽，被稱爲「黃鬼」
（mambang kuning），是一天之中最危
險的時刻；同樣，當陽光猛烈的中午下
起小雨，那種時刻也是危險的、鬼怪出
沒的時刻。（頁 13，*Malay Magic*）

馬來鬼圖鑑

100 MALAY GHOSTS
HANTU MALAYU

目錄

柒、其他 126

魂　是有人形的　像血那樣紅　不大於玉米粒　住在肚臍裏

頭有頭魂　血有血魂　口水有口水魂　腳印有腳印魂

壹

神隱小孩的鬼

巨
乳
鬼

Hantu
Kopek

HANTU KOPEK /
HANTU TETEK
巨乳鬼

　　來去自如的野鬼。外形為老女人，有著一雙巨乳。特別於黃昏時分出現，把在戶外玩的幼童抓起來藏在乳房下方。也有一說法是她化身美女，吸引男幼童。被抓的幼童看得見來找他的人，但無法出聲呼救。幾天後失而復得的孩童會呈痴呆狀。巨乳鬼會把孩童帶到一個有刺的草叢，給他吃蟲和泥水，但在魔法催眠下，小孩子會以為是蛋糕。

　　只要向她丟沙，或掐她的乳房，或唸可蘭經內的「ayat kursi」可趕走她。

　　據說老一輩人為了恐嚇小孩在天黑前要進屋，而編此故事。因為黃昏時光線變弱，鄉野地方易有野生動物出沒，或光腳丫玩的孩子易踩到刺、釘子等尖銳物而受傷。也有一說是黃昏時老虎常出沒於村落邊緣，巨乳鬼的出現其實是保護幼童。

巨乳鬼

Hantu
Kopek

* 相傳日落時分是鬼怪力量最高的時候，在霹靂
  州（Perak）孩子們在傍晚時都會被大人叫進
  來屋裡，有些小孩的媽媽會嚼一種藥用的野薑
  （kunyit terus，英 Cassumunar ginger，泰文
  plai）吐在房子外的七個方向。

HANTU KANGKANG
陽具鬼

男版的巨乳鬼。攻擊人時會使用陽具；但關
於他的說法很少，不如巨乳鬼普及。

---

* 頁 15，*Malay Magic*

柱子鬼 <ruby>柱<rt>ㄓㄨˋ</rt>子<rt>ˊㄗˇ</rt>鬼<rt>ㄍㄨㄟˇ</rt></ruby>

Hantu
Galah

HANTU GALAH
柱子鬼

一般出現在森林裡，若人形，身形巨高，頭高至雲朵，因此一般只會看見他的腳。他的腳乍看會像一棵樹幹。

據說人可以跟他交朋友，他的腳有長毛，若有求於他可拔下一根小腿毛求助。不會危害人類。

他會捉弄從他雙腿下走過的人，晚上時不注意靠上他、或經過他的跨下的話，會被夾。

據說只有第一次會看見他的模樣，接著他會往天際上升再也看不見他的頭。又據說不能抬頭看他，否則頭將無法正常轉回。萬一看見他的話千萬別出聲，安靜離開就好。

也有一說是老一輩人為了恐嚇小孩別在夜間爬樹編出來的鬼。

桑・克勒拜

Sang
Kelembai

SANG KELEMBAI
桑・克勒拜

是一女巨人，出現於山地或森林的鬼。

她外表奇醜，有寬鼻、象牙，身高約是人類的三倍，是一種特別令小孩害怕的鬼。她特別討厭吵鬧，因此，在森林或山中不宜喧鬧。若打擾了她，她會讓人或動物變成石頭。山裡有些人形石或動物形石就是打擾山鬼的下場。也有此說是老一輩為了防止孩童在林中吵鬧而編的禁忌。

桑・克勒拜的咒語指的就是變成石頭。

據說桑・克勒拜最早是住在彭亨河邊，以果類、肉類、竹子嫩葉為食。在還沒有獲得「石化」能力之前，據說她是一位喜歡和小孩子玩的巨人。人類也對她很友善，會送她一些食物。

之後突然有一天，當她在森林中遇到一頭母牛和小牛，向牠們打招呼後，雙雙馬上變成石頭。隔天她像往常一樣到人的村子裡，先是遇到一位廚師，向他打招呼後，廚師也馬上變成石頭，女巨人馬上向村民們道歉，未料所有人都變

成了石頭。

　　又有一次她經過一位正煮著一大鍋食物的老人，老人向她打招呼，女巨人擔心自己害他變成石頭故沒有回應；老人因視力不佳，也不知道她就是那可怕的女巨人，殷切地招呼她吃東西，並說「來嘛！來嘛！」急於擺脫老人之下，女巨人隨口也說「來嘛！來嘛！」；未料此話一出，無辜的老人又變成了石頭，女巨人一氣之下，把整鍋食物丟入彭亨河中。

　　女巨人為自己的能力感到深深沮喪，於是把自己隱藏起來，不再接觸人類，流浪於森林之中。有一天無意間抵達一座沒見過的小村莊，她其實只是想摘些香蕉果腹，沒想到馬上被發現了，那些人類早就知道她惡名昭彰的能力，他們把一位無牙的老人放在嬰兒搖籃裡，並在週圍放了幾隻烏龜、幾段竹子；待女巨人經過時見此景，大吃一驚──她以為那老人是巨嬰、那些烏龜是巨大的跳蚤、又以為那些竹子是那嬰兒在啃的大甘蔗，而誤以為這裡是比她更巨大的巨人國，於是再也不敢靠近。

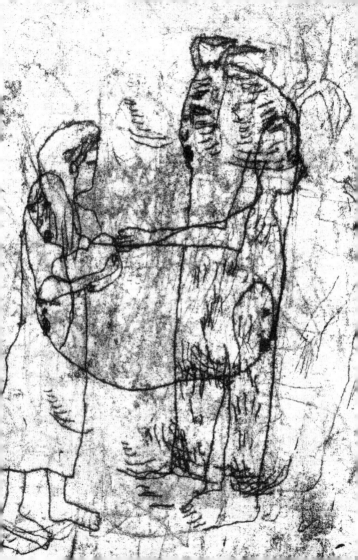

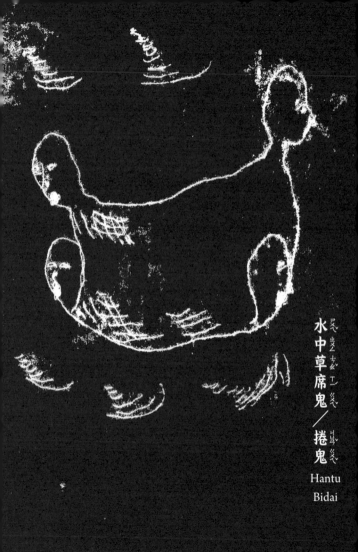

水中草席鬼／捲鬼

Hantu
Bidai

HANTU BIDAI / HANTU GULUNG
水中草席鬼、捲鬼

野鬼。馬來人相信，河有河鬼、湖有湖鬼、沼澤有沼澤鬼。

草席鬼是一種常被釣客或居住上游者撞見的水鬼。他有著異於其他鬼的外形，看起來像一張草席，草席的四個角有四個奇怪生物的頭顱。會將人捲至水中好幾天（消失），受害者被捲至窒息溺死。

草席鬼的出現很好辨識，當水面突然出現諸多泡泡成漩渦狀，湖面的落葉也都被捲入，還伴隨著腥味。若撞見此狀，得大聲誦可蘭經。

他是一種屬鬼。也有一說是長輩為了恐嚇小孩別在河裡戲水之說。

在肯逸湖（馬來西亞第一大湖，為人工水壩湖）特別多草席鬼傳說。

和難產、女性相關的鬼

龐蒂雅娜 ㄆㄤ ㄉㄧˋ ㄧㄚˇ ㄋㄚˋ

Pontianak

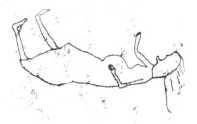

PONTIANAK
龐蒂雅娜

馬來鬼以女鬼居多，又以龐蒂雅娜最屬，專對男性下手。此字之意為「女人」、「死」、「小孩」三字縮寫的結合體，意為難產時死去的女人變成的鬼；也有一說是難產死的女嬰，她媽媽是「langsuir」（下篇）。

她在夜間無人小徑上以美女模樣出現，若男性對她搭訕是自找死路了。當準備進食時，其醜陋的臉孔還有尖細的獠牙（很多支）就會出現了。她用尖利的指甲挖受害者腹部，啃食受害者的內臟，會把男性性器官狠狠的撕爛，然后隨手拋掉。也會聞著衣服的味道，然後進行跟蹤，所以大家一般會在晚上把衣服收進屋內，不會晾在外面。

有時她會僅以一顆頭顱在空中飄浮，內臟垂掛在頸部以下。還會散發著陣陣花香，出現時可能伴隨嬰兒哭聲，連狗都對她敬而遠之，當她靠近時，狗都不敢吠，只敢默默低鳴。

她也可化成鳥形，有長長的爪子，伸進孕婦肚子將孕婦和胎兒殺死（相傳邦迪娜的後腦勺有個孔，只要把釘子插入孔內，她會變身為人間美女，可和人類結婚；但一旦把釘子拔出，她又會變回鬼身）。

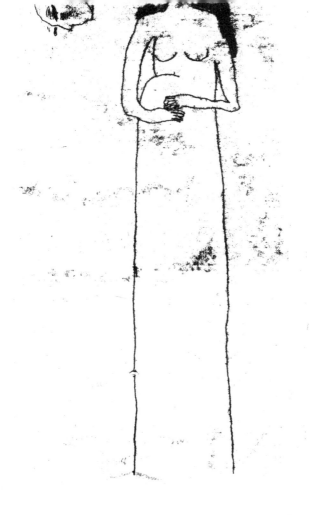

浪素兒
ㄌㄤˋ ㄙㄨˋ ㄦˊ
Langsuir

LANGSUIR
浪素兒

　　浪素兒和上篇介紹的龐蒂雅娜很像，相傳是女性難產死後，或因生產而亡者變成的。以孕婦為下手對象（妒忌）。

　　她也是屬鬼，吸脖子血並挖出內臟，她會慢慢享用被害者，讓被害者痛苦地死去。

　　也有一說她會化成貓頭鷹的外形、貓的臉。愛躲在鳥巢蕨。

　　她的特徵是長指甲、黑長裙，為了遮蓋她後頸的洞，如果你抓到她，可把她的長指甲剪去，將她的長裙塞進頸上的洞，她將變成一般女人，還可結婚生子。

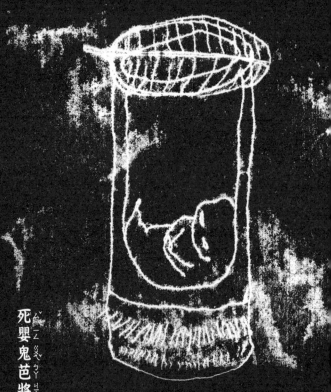

死嬰鬼芭將
Bajang

BAJANG
死嬰鬼芭將

芭將是一種被飼養的小鬼，用以殲滅敵人。芭將是由死嬰，或死胎養成的。通常是男鬼，會以麝香貓「civet」的樣子出現。他常侵害幼童，導致不明原因的病痛與死亡。

芭將由飼主養在竹節筒裡，由一種特殊葉子塞住。只有當主人想利用他時才會讓他出來。芭將得用蛋和牛奶餵養，如果沒被餵飽，他會攻擊主人。芭將也是必需傳承的，否則主人將會像大鬼拉亞的飼主一樣無法安葬。

也有一說芭將鬼是一種調皮的鬼，他會嚇天黑後還在外面玩的小孩。有時會讓孩子們病上好幾星期。有時他會在雨中模仿孩子的哭聲。若你仔細聽雨聲，可能會聽到孩子的哭聲。那表示芭將鬼在外面。

頭
鬼

Hantu
Penanggalan

HANTU PENANGGALAN /
HANTU TENGELONG /
HANTU JERUK PURUT
頭鬼

　　「PENANGGALAN」的意思是「分開」、「分離」（頭身分離），此鬼也出現在泰國、印尼、菲律賓，各有不同的名字。她是女鬼，一顆頭連著肚腹內臟飛在空中。那些內臟像螢火蟲那樣發著微光閃爍。

　　頭鬼的來源說法有好幾種，一說是難產死的女人變成的，吸嬰兒的血。一說是助產士和魔鬼的交易，必需在四十天內不吃肉，一旦破戒了就會在夜晚變成頭鬼去找血吸；一說是有女人在用醋泡美容浴時不小心被闖進來的男人看見，太快速扭轉頭導致內臟被拔出來，

留下身體在浴缸裡。因此，頭鬼通常伴隨醋的味道。頭鬼白天是正常的女人，晚上才會變成頭鬼，通常她會在房間裡放一缸醋，透過醋她才有辦法讓頭身再度接合。如果想揭發她，只要把她那沒有頭的身體反轉，她接合時就會變成反的（臉在身後），就會被人們發現。

蚱
蜢
鬼

Pelesit

PELESIT
蚱蜢鬼

是女人為良好人際關係而飼養的小鬼。相對於伯隆（由男性飼養），蚱蜢鬼通常是女性飼養的，目的為讓主人人氣直升，增加受歡迎程度或知名度，或在情感路上助主人一臂之力（加害於競爭者）。蚱蜢鬼很會照顧女人的心，若有誰傷害了主人，就算是主人的先生或家人，甚至在主人沒有指示的情形下，蚱蜢鬼都會為主人復仇。

取得蚱蜢鬼的方式是在月圓前一天走進森林，背對月亮，面對一蟻丘，唸特定咒語也許得耗時三天，或要試好幾個月，在月圓前固定三天嘗試，直到身體不再有影子，那個時刻會有個小孩出現在你面前伸出他的舌頭，你必須馬上抓住那舌頭，接著小孩會馬上消失。那舌頭會變成一隻爬蟲類或昆蟲，可收在瓶子裡的瓶妖，那就是蚱蜢鬼。

也有一說把死去未到四十天的第一胎死的嬰兒（她母親也是頭胎難產死）挖出來放在蟻丘

蚱蜢鬼會在仇人大腿、小腿、後肩咬下三個像瘀青的小點。

前，唸咒，死嬰會跳起來伸出舌頭，把他的舌頭咬掉帶回家，找一個綠色剖半的椰子殼，拿到三條路交會之處，在椰子殼下面點火，殼內放油，沸騰後將那舌頭放進去，埋在三叉路處，放三天三夜，接著把它挖出來，就會得到蚱蜢鬼。

據說蚱蜢鬼本來的樣子是非常醜陋、一頭長白髮的老人，走路的樣子像企鵝。

蚱蜢鬼附身於一種尖頭蚱蜢（此時蚱蜢頭部會有紅點）潛入被害者家裡，因為蚱蜢不太惹人厭或引起注意，偶也會附身於別的昆蟲。趁不注意時，蚱蜢鬼會在仇人大腿、小腿、後肩咬下三個像瘀青的小點，其實是緩慢的下毒，被害者的

健康會逐步下降，瘀青點會越來越多，初期的症狀約是面色無光、疲倦無力、脫髮、視力模糊等，被害者一旦發現是有些方法可治療的，若沒注意十年後身體內臟機能將一一敗壞。

被害者也會出現幻聽症狀，或感覺大家正在講她的壞話、或是中傷她的話，由此被害者感覺大家對她有敵意、不善因而遠離人群，甚至變得易怒、多疑而被人討厭。

飼料蚱蜢鬼的方式和其他小鬼一樣被養在瓶子裡，滿月時得吸飼主的血，他可像財產一樣被傳承。把佩勒西蚱蜢抓起來切開的話，裡面會有一根長頭髮貫穿牠體內。

早年不少住在霹靂州的人見過馬來貴婦被推入河中，不論她如何反抗、懇求、哭訴都沒用，手和腳被捆綁，被一支長叉抵住脖子沒入水中，據說這就是被蚱蜢鬼處決的人。

敲敲鬼 <ruby>敲<rt>ㄑㄠ</rt></ruby><ruby>敲<rt>ㄑㄠ</rt></ruby><ruby>鬼<rt>ㄍㄨㄟ</rt></ruby>

Hantu
Kum-Kum

HANTU KUM-KUM
敲敲鬼

　　相傳某些女人為了美麗的容顏去學習巫術，學習過程有十天（也有一說法是一個月）不能照鏡子，但常有女子忍不住去照了，面容就會毀，唯一恢復面容的方式是去吸血。於是她只得敲門去找別的女人的血來吸。

討奶鬼

Hantu
Susu

HANTU SUSU
討奶鬼

　　抱嬰兒的女鬼，並不凶，會在門外敲門，討奶給小孩喝，當屋主把門打開，她又會消失，接著又會回來敲門，反反覆覆整晚。有時她會留下小禮物給屋主，像是從墓地摘的花或把墓碑放在門口，她怕貓，或放黃竹在門口可驅鬼。

人養小鬼

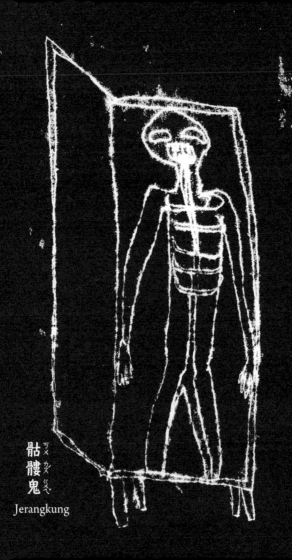

骷髏鬼 <ruby>骷<rt>ㄎㄨ</rt></ruby><ruby>髏<rt>ㄌㄡˊ</rt></ruby><ruby>鬼<rt>ㄍㄨㄟˇ</rt></ruby>

Jerangkung

JERANGKUNG
骷髏鬼

　　骷髏鬼，會躲在衣櫃裡，是一種被飼養的小鬼。也有一說法是外形為長髮女性，但不吸血。一樣是一種養鬼容易送鬼難的凶猛小鬼。

SAKA / HANTU PUSAKA
沙卡鬼、遺傳鬼

　　是一種代代相傳的小鬼。特別是老一代或巫師家族，以守護園地、家產、健康為目的都會飼養這類小鬼。飼主死亡後，他會一直陪伴左右，若沒將他妥善丟棄的話。

伯隆
ㄅㄛˊ
ㄌㄨㄥˊ
Polong

POLONG
伯隆

由冤死者變成的小鬼。通常由男性飼養，以復仇為目的，並以飼主手指鮮血為食。伯隆沒有具體的外形或性別，會將被害者吸血致死。

據馬來傳統，伯隆是由被害者的血，放在長嘴瓶裡，經過法會和誦經儀式後形成，經歷七天到兩週會聽到瓶子裡傳來啃咬的聲音，此時飼主得削一小片自己的手指，將淌血的手指放進瓶口讓伯隆舔食，藉此建立關係，伯隆將會遵照飼主吩咐。

伯隆平常收在瓶子裡，只有出任務時才會被取出。被伯隆殺害者通常全身多處挫傷，嘴巴流出血。除了誘敵，也會偷錢。飼主離世前，必需為伯隆找到新飼主，否則他將流為野鬼，干擾附近居民。

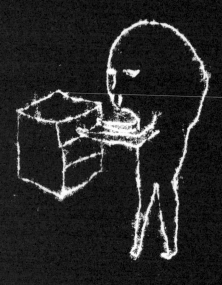

多獣
タメ
ズ
Toyol

TOYOL
多猭

　　嬰兒形的飼養小鬼，外形為光頭裸身、紅眼、利齒的小孩，通常以偷竊錢財為目的。多猭有「找錢」的能力，能穿透上鎖的門或抽屜櫃子。若在錢財旁放玩具，或袋子裡有青豆，都會讓多猭玩興大發而忘了任務。若家裡魚缸有養過山鯽（ikan puyu，一種生命力強的河魚）多猭的穿透力也會失效。多猭下手時不會把錢財盡數取走，據說是馬來社會的長者語「小孩子勿拿太多錢在身上」（budak-budak jangan pegang duit banyak banyak）所致。

　　多猭是被飼養的小鬼（或購買來的），和伯隆一樣養在瓶子裡，以飼主血液為食，據說每逢月圓必需餵食，若飼主忘了，家裡其他成員會遭殃。

　　一旦不需要多猭了，得還給賣主，或裝在玻璃瓶裡丟到河裡拋棄。

大鬼拉亞
ㄉㄚˋ ㄍㄨㄟˇ ㄌㄚ ㄧㄚˋ

Hantu
Raya

HANTU RAYA
大鬼拉亞

　　拉亞「RAYA」有「偉大」之意，相對於前面提到「小鬼」，他形體較大、力量也強大、有「鬼中之王」意味。拉亞也是飼養的鬼類，他力氣敵四、五人，可用來幫助主人做粗重工作，或謀害主人的對頭。一般是以人或動物樣態出現，特別是會化為和主人一模一樣的外形。若不留意，他還會和主人的另一半上床。

　　他吃的東西和其他小鬼不太一樣，黃糯米、雞蛋、烤雞肉等，若沒好好照顧他的肚子，他會攻擊主人。拉亞鬼一代傳一代，若沒被繼承，主人死後屍體還是「有生命的」，肉體雖死且發出腐臭，但是要入葬時，他又像活人一樣站起來，給他食物，他將吃得狼吞虎嚥。因此，飼主必需替拉亞找到新飼主才能正常地死去。拉亞也可被用來預測「萬字」（馬來西亞彩券），方式是以烏鴉肉作成的沙嗲（肉串）招待他。

　　拖鞋必需放屋外，放室內易招惹拉亞入室，

或沒打掃乾淨的房子也會。

　　他也會住在破舊或無人住的房子、大樹（榕樹、麵包樹、仁心果、波蘿蜜果樹）、或竹子叢。若不幸住入有拉亞入侵的房子，將會莫名其妙生病，不過，馬來巫術也有驅趕拉亞的方式。

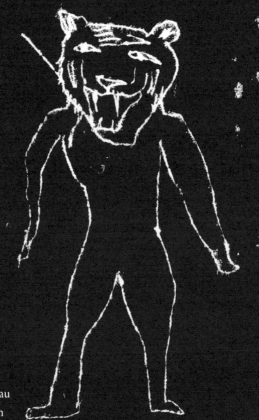

老虎鬼
ㄌㄠˇ ㄏㄨˇ ㄍㄨㄟˇ

Harimau
Jadian

HARIMAU JADIAN
老虎鬼

虎術是一種習得後可將自己變成老虎的巫術，可保護自己或滅敵。凶猛、攻擊力強。飼主可變成全虎（整隻虎）或半虎（只有頭），這也和飼養小鬼相同，必需好好送鬼，否則難以離世。

PENUNGGU
等待鬼

是被飼養用以守護、保護錢財的小鬼，代代相傳。若沒被妥善繼承，他將佔據空屋、大樹、或無人島。

山鷄鬼
<ruby>山<rt>ㄕㄢ</rt></ruby><ruby>鷄<rt>ㄐㄧ</rt></ruby><ruby>鬼<rt>ㄍㄨㄟ</rt></ruby>

Hantu
Kuang

HANTU KUANG
山鷄鬼

有一百隻眼、山鷄的外形，是由巫師支配的。

少男鬼
ㄕㄠˋ ㄋㄢˊ ㄍㄨㄟˇ
Hantu
Bujang

HANTU BUJANG
少男鬼

由女性巫師飼養，特別出現於南泰國區。

脖子似乎有被砍的印記，聽說被女性巫師拿來當奴隸（？）。

肆

精靈類

隱族 ㄅㄨㄋㄧㄢˊ
Bunian

BUNIAN
隱族

隱族非源於人類世界，相傳是神用光創造的，人類肉眼無法看見。和天使有點像，但天使沒有性別，不需吃喝睡覺；隱族則需要，他們以家庭形態生存，族群龐大，居住於森林深處。男俊女美。據說和寶椅、豪宅、金飾、奇珍異寶，或少見的鳥如極樂鳥有關。偶有迷失於森林者，誤闖隱族世界，將無法再回到正常世界。

一說他們頭腦很簡單，很輕易被騙，當他們進入人類村子（偶爾會），買東西時他們從不看價錢，不論那價錢是否過高。曾聽說在雪蘭莪的蚶山（Bukit Jugra），聽到他們划小舟聲，但不見船影。

MAMBANG PUTIH
白鬼

也是一種隱族。有自己的社會，會幫助人類。

精霊 <ruby>ぜ<rt>セ</rt></ruby><ruby>かん<rt>カン</rt></ruby>

Pari Pari

PARI PARI
精靈

　　馬來精靈和西方世界中的精靈外形類似，居住於森林裡，有接近人類的外形，但有一雙翅膀，精靈的來源和泛靈論有關，萬物皆有靈，像是大樹、奇石等皆有靈，他們不會危害人類。

　　精靈可把自身分裂成一百九十片。最偉大的巫師可操控這些分身。

ECHO SPIRIT
回音精靈

　　可變成男人或女人的外形，若被男人的回音精靈拜訪，女人會生下白化症的孩子。

　　有位前官員和女性回音精靈住在山洞裡，他的一位隨眾也娶了一回音精靈為妻，三週後生下一兒子。正常女人都無法為孩子哺乳，也都是白化症人。

伍

自然鬼

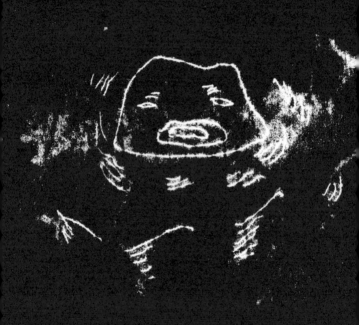

河
鬼

Hantu air /
Hantu ayer

HANTU AIR / HANTU AYER
河鬼

水鬼據說是由被拋棄在河、海裡的鬼變成的，常以朽木樣浮於水面上，有水鬼的地方通常有不尋常的波光粼粼，漁夫為了免於水鬼干擾，每年將舉辦一儀式（semah laut），為漁人的傳統節慶。

河鬼是凶猛的鬼。他喜好攻擊人類。據說，他會攻擊在河邊尿尿、光著身體在雨中洗澡的小孩。他離不開水。

HANTU KAYUNG
船槳鬼

也是一河鬼。

「kayung」一字可能是船槳「kayuh」的古字。

海鬼
Hantu Laut

HANTU LAUT
海鬼

海鬼的「把戲」如下：

變成一艘美輪美奐的船沒有目的地漂浮在海上；

漁人捕撈時漁網很重，好不容易拉起來時是空的；

化身為一美女在海上求救，待人類靠近時就消失無蹤影；

幻化成一座永遠抵達不了的小島。

很久以前的漁夫，特別是吉蘭丹州、丁加奴州及彭亨州為了免於海鬼干擾，每年將舉辦一儀式，為漁人的傳統節慶，有一隻水牛會被獻祭。

MAMBANG TALI ARUS
水流鬼

是海鬼的一種，特別是出現於中游的水流。

據說是守護漁民免於海盜的「神」。

瀑
布
鬼

Hantu
Bandan

HANTU BANDAN
瀑布鬼

　　瀑布鬼可說是瀑布的守護者。據說是一種被
因在鍋子中的鬼，在瀑布正中，此鍋子固定漂浮
在一樣的地方，通常在瀑布下方，就算下大雨還
是固定在那裡，只有少數人曾經見過。

　　當你在瀑布下方看見像鍋子反面的東西，切
記不要太靠近，否則將是溺死的命運。

HANTU PANCUR
噴水鬼

　　是一種水鬼。特別出現在下游處，又以瀑布
地區為首。

暴
風
鬼

Hantu
Ribut

HANTU BUKIT / HANTU GUNUNG
山鬼

　　山鬼和水鬼一樣是不被飼養，來去自如的鬼。於山區出現，干擾氣場弱的人。

　　若有住在城裡的人夢見山鬼，他將成為巫師（或預言者）。

HANTU RIBUT
暴風鬼

帶來疾風、暴雨的鬼，喜好攻擊落單者。

石灰洞鬼孩

Hantu Anak
Gua Batu

HANTU ANAK GUA BATU
石灰洞鬼孩

　　傳說，石灰洞穴是石灰洞鬼孩的家，他住了百年了。他的樣子有點像棉花，有時像石灰洞裡的石柱。眼角細又尖，漂浮著的。也有人說他眼睛是紅色的。

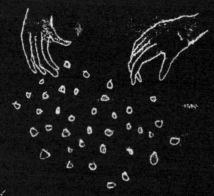

石頭鬼

Hantu Batu

HANTU BATU / STONE SPIRIT

石頭鬼

　　石頭鬼是一種調皮的鬼。他只是丟小石頭，不會傷到人但只是很煩；有時他也會丟大量的石頭，可能是心情不好、或被激怒時；有時在鄉下會在某戶人家的屋頂突然降下一大堆石頭；或是你開車時突然被一陣亂小石攻擊，你就知道那是石頭鬼之作。

HANTU LUBANG

洞鬼

以洞穴為棲息地、身形巨大的鬼。

墓場鬼

Hantu

Kubu

HANTU KUBU / HANTU KOCONG / HANTU KELUBUNG
墓場鬼

墓場鬼是墓地的守護者；或指出沒於墓地等待倒楣人類出現的鬼。

傳說原住民區中若有人莫名其妙生病可能是犯了墓場鬼的地盤，於是得搬遷。墓場鬼怕鹽和白洋蔥。

MAMBANG
阿飄

一種飄渺無形的類精靈鬼，和風、水、火、土地有關。具地盤性、有完整的社會、群居。一旦破壞或威脅及他們，將導致巨大自然界災難。

神聖鬼

Keramat

KERAMAT
神聖鬼

　　一種不危害人類的野鬼，類似「土地公」。住在巨石、巨樹、或荒蕪無人的墓地，人類以食物祭拜可討他歡心，可中彩券發小財之類的。

PUAKA
布阿卡

　　野鬼。常隨著壞天氣（雷雨、陰霾）而來，帶來人類財物上的損失。有時他會佔據荒井、沼澤帶，導至反覆的死亡事件。

地主鬼
Hantu
Tanah

HANTU TANAH
地主鬼

地主鬼為土地的主人，有大耳朵的小人形。

若開墾、發展，事前最好經過祭祀，以免日後受到莫名干擾。

土地鬼

Jembalang
Tanah

JEMBALANG TANAH / HANTU ORANG
土地鬼

外形像可怕的動物。一說是由被拋棄在林地的嬰兒臍帶或嬰兒尿液變成的。可由特定經文或食物而豢養他。若開墾了他的地盤，將導致他的發怒及災害。於是開墾前，馬來人會先祭拜。

也有一說他是一種泥土妖，爬進農夫收割的籃子，或侵入稻作的莖部，帶來作物災害疾病，山丘、平原干旱、貧瘠。

據說他會佔據荒廢之處，在晚上曾被人撞見，倚柱而立，頭戴紅帽子，在吃泥土。膽子夠大的人，身手夠敏捷者能奪走他的帽子又不被他追到，將獲得隱形的功力。

泥鬼波大
Bota

BOTA
泥鬼波大

　　波大是霹靂州霹靂河旁一個鄉下地名。據當
地居民，波大是居住在那一帶、住在土裡的巨人
（或住在土裡的洞穴裡）。

　　大部份時間他是躲在土裡的，不常從土裡走
出來，聽說對沒穿褲子的小孩很有興趣。據當地
老奶奶說，他的樣子就是泥土的顏色，現身於有
爛泥巴之地、黃色竹叢、有過山鯽的稻田附近。
他的食物可從泥土取得，人類和動物（肉類）並
不是他最愛的食物，出現時間約是正午時分。

　　當地人相信波大巨人和人的失蹤有關，也許
是那人無意觸碰了波大的禁忌。奇怪的是波大在
其他地方並沒有傳聞，僅出現於霹靂河一帶。

大腳鬼／少牙鬼
Hantu
Jarang
Gigi

HANTU JARANG GIGI
大腳鬼、少牙鬼

　　據說出現於馬來南部雨林的雨季或結果季節。全身佈滿黑色毛髮，像猩猩一樣，但比牠大，能具體為人所見，能高至三米，留下四十五公分大的腳印，也被取為少牙鬼，因為他牙齒稀疏，或排列不整齊。

HANTU RIMBA
森林鬼

森林裡的鬼的統稱。

樹瘤鬼 ㄕㄨˋ ㄌㄧㄡˊ ㄍㄨㄟˇ

Hantu
Lembong

HANTU LEMBONG
樹瘤鬼

居住在樹瘤中的鬼。

HANTU BUNYI-BUNYIAN
召喚鬼

見不到的、聽不到的，卻令人在森林裡迷路的鬼。

猴神鬼

Hantu
Doman

HANTU DOMAN
猴神鬼

馬來神話中的猿神，但不是猴子模樣，人身但馬頭或狗頭。

HANTU GAHARU
香木鬼

沉香木（昂貴的木種，香的原物料）的守護者，強大並危險。

猛
獸
鬼

Hantu
Denei

HANTU DENEI
猛獸鬼

和森林裡猛獸相關的、守護野獸路徑的鬼。

HANTU LEMONG
箭鬼

在天和地面之間的鬼,像箭一樣移動,只會在晚上被看見。

狒狒鬼

Hantu B'rok

Hantu Beruk

HANTU B'ROK /
HANTU BERUK /
BABOON DEMON
狒狒鬼

　　也叫豚尾獼猴鬼（豚尾獼猴是常見的當地猴子，常被訓練來摘椰子）在北馬吉蘭丹和丁加奴州，當村民聚集在練習傳統表演如皮影戲（wayang kulit）、馬來歌謠（dikir barat）、瑪蓉劇（makyong）時，狒狒鬼會在這種時候進入表演者的身體，操控演出，直到表演結束。

鬆結鬼

Hantu
Songkei

HANTU SONGKEI / HANTU SONGKEL
鬆結鬼

　　有人形，但沒有脖子的鬼，有一個超寬的鼻子，眼睛延展至左右可對環境一覽無遺。據說沒有下半身。他專門放走誤中陷阱的動物，在他轄區的林地，捕殺動物的獵人可能會被殺，這種鬼也會化成山雞、鳥、鹿來戲弄獵人，古早的獵人在入林前會先尋求森林的同意，捕獵時也會自我限制，不會濫捕。

　　白色的山雞，或是任何顏色特異的山雞都有可能是鬆結鬼變的。他會帶給獵人疾病、盲眼或瘋癲，通常從森林回來時高燒一場即是觸犯鬆結鬼的症狀。

蜂巢鬼
Hantu
Sarang
Lebah

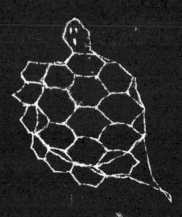

荷花鬼
Hantu
Teratai

HANTU TANGLUNG / BEBOLA API
火球鬼

　　來歷不明的火球，在夜裡或雨天出現於森林。

　　並不危及人類。

HANTU SARANG LEBAH
蜂巢鬼

　　住在野蜂巢的鬼。

HANTU TERATAI
荷花鬼

　　住在枯萎荷花裡的鬼。

陸

病鬼

脹風鬼
Hantu
Kembong

疹子鬼
Hantu
Ketumbuhan

HANTU KEMBONG
脹風鬼

導致肚子痛的鬼。

HANTU KETUMBUHAN
疹子鬼

導致天花、疹子、水痘的鬼,相傳有位巫師在病人身上抓到了一百九十隻疹子鬼。

通常是誤闖這種鬼的住處所致。

疝氣鬼

ㄕㄢˋ ㄑㄧˋ ㄍㄨㄟˇ

Hantu Cika

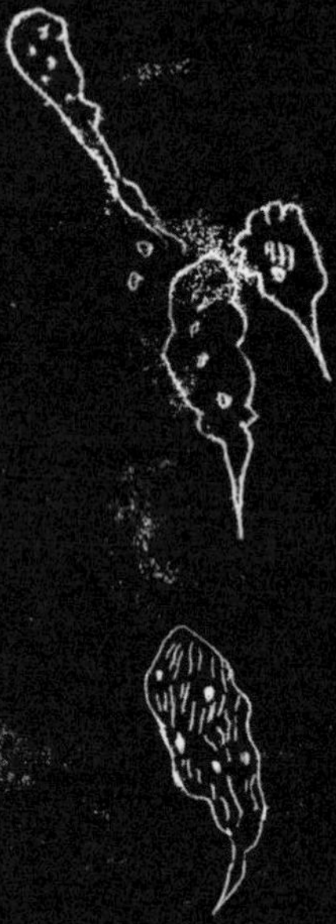

HANTU CHIKA /
HANTU CIKA
疝氣鬼

　　這種鬼據說是住在森林裡，附在大樹根部，尤其是有藥用的根上，老人在雨後到森林，易成為受害者，導致晚上腹部嚴重的絞痛或頭痛。

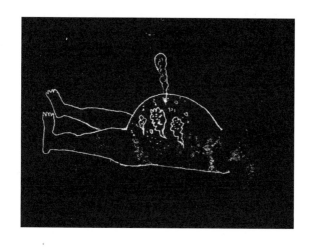

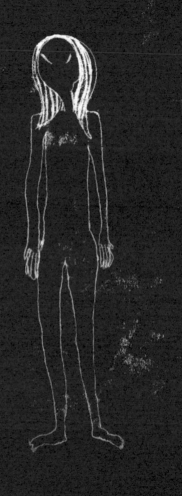

盲眼鬼
Hantu
Buta

HANTU MAMBANG
黃疸鬼、黃鬼

　　和夕陽相關的鬼，黃昏時出現，特別對小孩有危害，也導致黃疸病。

HANTU BUTA
盲眼鬼

　　導致目盲的鬼。
　　外形為瘦老人，有著凶惡的眼。

耳聾鬼

Hantu

Pekak

HANTU PEKAK
耳聾鬼

導致耳聾的惡鬼。

HANTU GENGAL /
HANTU GERUGAL
啞巴鬼

導致啞巴的惡鬼。

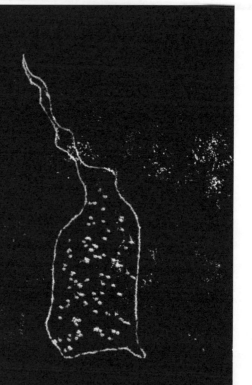

胎膜鬼

Hantu
Uri

HANTU URI
胎膜鬼、臍帶鬼

導致嬰兒出生後某些疾病的鬼，如果胎膜、臍帶沒有好好被處理的話。

HANTU SAWAN
抽搐鬼

導致幼童抽搐的鬼。

桑樹鬼

Hantu
Kertau

HANTU KERTAU
桑樹鬼

對剛出生嬰兒有死亡威脅的惡鬼，有野豬的身體、鹿的頭（Kertau 為桑樹，故譯桑樹鬼）。

HANTU KEMAMANG
紅人頭鬼

紅色的、有火球狀的人頭鬼。
聽說是女鬼。
特別侵害剛出生的嬰兒。

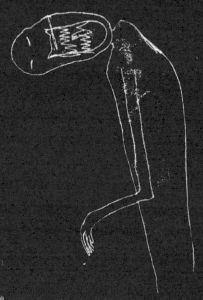

中風鬼

Hantu
Stroke

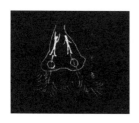

HANTU STROKE
中風鬼

所羅門王問：「報上你的名字和職業。」

中風鬼：「我是紅色的風鬼。」

「若我進去人類右邊的鼻孔，他會半身癱瘓，昏倒在地上像死去一樣；若我進去他左邊的鼻孔。他會全身浮腫沒法吃喝全身都痛。」

HANTU BISA
中毒鬼

和血液中毒有關的鬼。

柒

其他

油人／油仔鬼

Orang
Minyak

ORANG MINYAK
油人、油仔鬼

油人也叫油鬼仔，相傳是練習破門巫術（原本學了後可來去自如，類似穿牆術之類的）的失敗者。

油人的特色是身體非常光滑（或全身有層黑油）以致可以輕易地「滑進」房子偷竊或者做其他犯罪，即使被追捕，也因為身體光滑而輕易逃走。

也有一說法相信油人是採花賊，民間偶會傳聞有馬來女子遭油人姦污。另外一個傳說是油人得強姦44個處女，才能練成此巫術，受害者將會變得魂不守舍。

也有一說油人是被惡巫師操縱的人。

HANTU KONGKEK
女油人

女版的油人。以強姦男人或吸收男性的精氣為目的。「Kongkek」的意思是性動作。透過性交來勾引男人的邪鬼。

包布鬼／伯仲

Pocong

POCONG /
HANTU GOLEK /
HANTU BUNGKUS
包布鬼、伯仲

馬來人死後全身以白布纏裹入葬。伯仲鬼的外形即是入葬時的木乃伊樣，像殭屍一樣用跳的，或用滾的。他跳的速度非常快，可輕易追上摩托車或車子，他通常只是嚇唬人類，不致於威脅生命。

伯仲鬼不是被飼養的，一般自由來去。

據說敢於抓伯仲鬼者將會很富有，白布裡都是錢。但是他移動速度飛快，且擅長跳躍，例如從一屋頂跳到一屋頂，要抓到他是不太可能的。沒被嚇死已經不錯了。

也有一說是他可化成白貓，或像捆白麻袋在墳墓旁，當有人經過，他會先滾動，再立起來，從人的大腳趾進入吸食人的靈魂。那人會變得煩躁，在痙攣中死去，除非有巫師及時出手。

也有一說是被謀殺死者變成的鬼。特別是當

黑貓跳過這些墳墓，這些包布鬼會復活跳出來。有時候，聽說這些受苦的鬼也會附在黑貓身上。

據說很久以前在古晉一座小村，有村民曾砍倒一棵大酸棗樹，因為該樹遮擋了村民的光線。觸怒了在老樹中居住著的靈，此砍樹人和他的後代死後都被詛咒成為包布鬼。

葬禮後，所有人最好在天黑後留在家裡。因為他們知道包布鬼會在晚上出來在村子徘徊。

高鬼

Hantu

Tinggi

HANTU TINGGI
高鬼

　　有時會和柱子鬼搞混。高鬼其實長的和一般男人無異，會說話，只有在被挑戰時會拉長身高、或是把自己變很小很小。

公主鬼

Hantu
Puteri

HANTU PUTERI
公主鬼

外貌為模樣姣好的年輕女人，特別喜歡迷惑平常行為不檢點、有外遇的男人，導致他們在森林裡迷路，永遠失踪或瘋狂。

HANTU BANGKIT
起身鬼

被謀殺者變身的鬼，以報復為目的。

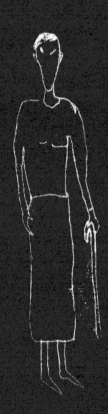

迷陣鬼

Hantu
Wewer

HANTU WEWER
迷陣鬼

看不見的、導致旅人迷路的鬼。

爪哇地區的這種鬼會以醜老女人的模樣出現。

LEMBAGA
冤魂

常出現於事故現場。飄渺模糊不定的人形，找尋替身。

錢幣鬼

Hantu Roh
Aura Syiling

HANTU ROH /
AURA SYILING
錢幣鬼

　　這「遊戲」是用一個錢幣招鬼，越舊的古幣法力越強大，幾個人一起圍著錢幣，唸咒後，所有參與者必需注視錢幣，錢幣鬼來後錢幣將會自己旋轉。

　　請鬼容易送鬼難，據說他會跟著參與者，常導致恐怖事故。

雲鬼／達谷鬼

Hantu
Daguk

HANTU DAGUK
雲鬼、達谷鬼

有些雲朵，形狀古怪少見的，是謀殺遇害的人變的，願鬼又叫達谷鬼。這些鬼會在馬路邊上以雲霧狀出現，造成車禍。

HANTU PELAK
惡鬼

有著極深怨懟欲加害人的惡鬼，特別在凶案發生處。

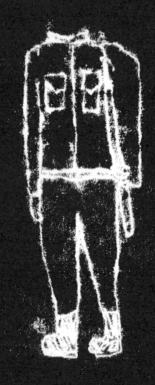

日本鬼
Hantu
Jepun

HANTU JEPUN
日本鬼

只要穿著日本軍服的鬼便統稱日本鬼。日本鬼無頭，有時有持槍或刺刀，有時會完整一羣列隊，伴隨軍靴的腳步聲。一般出現於二戰時期日軍侵略的戰場、二戰期間重要的建築物、或寄宿學校的宿舍。

馬舞鬼 <ruby>ㄇㄚˇ ㄨˇ ㄍㄨㄟˇ</ruby>

Hantu

Kuda

HANTU KUDA
(KUDA KEPANG)
馬舞鬼

馬來國土，特別是柔佛州，有一種「馬舞」（tarian Kuda Kepang 或扎賓舞），舞者以假馬為道具作舞，是一種在婚宴上或慶典上會跳的舞。有時在作舞過程舞者會被馬鬼上身，變得和常人不太一樣，動作變大或變凶猛，發生這種情形時可速請巫師解決，也馬上遠離該舞者。

（馬舞道具）

巫
師 ㄨˉ ㄕㄕ ㄍㄨˇ
鬼

Hantu
Belian

HANTU BELIAN
巫師鬼

據雪蘭莪的馬來人說,巫師鬼是老虎魂,但附在的鳥身上的鬼。這種鳥坐在老虎背上,拔老虎的毛,吞下去,但絕對不會讓他自己掉下去。

也有一說巫師鬼是撒滿的替身。「belian」在古印尼文是撒滿、巫師之意。

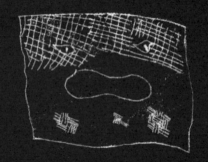

草席鬼 ㄘㄠˇ ㄒㄧˊ ㄍㄨㄟˇ

Hantu
Apu

HANTU APU
草席鬼

　　無害的、好在人群擁擠時、宴會時出現。

　　他的外形就像一張草席、用露兜葉（pandanus）編成的草席。若被人發現人他會自動消失。

黑
鬼

Mambang

Hitam

MAMBANG HITAM
黑鬼

據說是和馬來武術席拉（silat）相關的鬼。他會出現在武場內，可協助某方獲勝或攪局。古早時期，武術開場時由巫師主持先唸咒，以防武者被黑鬼附身。經過儀式的雞血或羊血會塗在某些武者腳底。

廚房鬼

Kitchen
Demon

KITCHEN DEMON / GRANNIE KEMANG
廚房鬼

披著灰色斗篷的女人，在灶前暖和自己，喜歡把火和灰吹進廢棄的房子。

猩猩鬼 _{ㄒㄥ ㄒㄥ ㄍㄨㄟˇ}

Spook

SPOOK
猩猩鬼

外形為紅毛猩猩的鬼。

在屋頂偷看女人睡覺。曾把女人偷走作為妻子。

惡
船
鬼

Hantu
Jerambang

在海中央出現的，貼在船桅上的鬼。

HANTU JAMUAN

宴席鬼

宴會時一定得請他的鬼，否則他將會干擾宴席。

三家人鬼

Hantu Tiga
Beranak

HANTU TIGA BERANAK
三家人鬼

　　行為不正的三家人，被他們的（宗教）老師
詛咒而變成的鬼，出沒於柔佛州西岸。

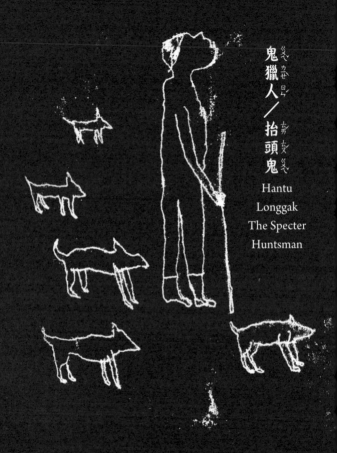

鬼獵人／抬頭鬼

Hantu
Longgak
The Specter
Huntsman

HANTU LONGGAK /
RAJA HANTU /
HANTU KUKU PANJANG /
THE SPECTER HUNTSMAN
鬼獵人、抬頭鬼、鬼王、長指甲鬼

鬼獵人出沒於馬來森林，帶著五隻不同顏色的鬼狗，帶來疾病或死亡的預兆。

他的出現伴隨一種叫「birik-birik」的夜行鳥，通常帶來不幸。聽到他叫聲飛過，農家人拿一種木製的大圓盤，上面放香料，拿著刀子敲打，邊喊，「奶奶，把他的心帶來！」（nenek, bawa hati-nia.）

鬼獵人據說是一位獵人為了滿足太太懷孕時口欲而離家去捕獵太太想要的鹿肉，因一直毫無所獲不敢回家，浪跡於森林而變成的鬼。又名為抬頭鬼因為他在地上找不到那種鹿，轉而往天上找，頭一直往上看再也無法正常所致。

　　馬來文的「鬼」也叫「細東西」。

　　一般使用「hantu」，也使用「Makhluk
halus」，「Makhluk」為「神創造物，包含人
類、動物、大自然」，「halus」為「細」，
簡稱「細東西」，其它字像是「syaitan、
jembalang、penunggu」也都是鬼的「代稱」，
或是本書所列一百多個的「鬼名」，也都可使用
為鬼的代稱，用原文上網搜都會出現可怕的畫
面。（類似的鬼也見於鄰國泰國、印尼，但有稍
微不太一樣的名字，本書以「馬來名」為主。）

參考書目

Malay Magic: Being an Introduction to the Folklore and Popular Religion of the Malay Peninsula, Walter W. Skeat, 1900

Shaman, Saiva and Sufi: A Study of the Evolution of Malay Magic, R.O. Winstedt, 1925

Malay Poisons and Charm Cures, John Desmond Gimlette, 1915

Keywords

Ghosts in Malay culture, Malay folklore, Hantu dalam masyarakat Melayu

主要線上資料

https://en.wikipedia.org/wiki/Ghosts_in_Malay_culture
http://www.monsterku.com/malaysian-ghosts.html
http://hantukampung.blogspot.com/2010/08/jenis-jenis-hantu.html

資料收集方式說明

關於「馬來鬼」的說法，在網路時代是眾說紛紜，但網路資料多為怪談、驚悚、片斷性為多。瀏覽幾番覺得不是我的下手方向。

後來以馬來文關鍵字「Hantu dalam masyarakat Melayu」（馬來社會中的鬼），找到馬來維基百科中收羅了二十七種鬼，也看似詳盡地交代了來龍去脈。後輔以英文資料「Ghosts in Malay culture」英文維基百科，某些地方和馬來語說法有點出入，還有一位「hantu kampung」（鄉下鬼）的部落作者，羅列了整整四十種，輔以圖片的馬來鬼。後還附了另五十種簡介版的馬來鬼。以上三大篇資料，提供了入門馬來鬼的鑰匙。

接著入手參考書目中的馬來人類學書籍（一百多年過去，始無中譯本，且皆有免費電子檔，目前買到的成書還是影印稿狀態。）本本內容紮實，我的資料搜集尤以前兩本為主，第一本

《馬來巫術》（Malay Magic）厚達七百多頁，內容簡直是怪力亂神，令人目不暇給。作者為人類學家，詳實地以旅居近一甲子的外國人身份記錄馬來早期社會。

我在這兩本「古書」裡，確實讀到了網路資料裡的「源頭」，書裡沒有特別一章談馬來鬼，鬼在這兩冊書裡其實都是非常非常小的碎片，背景更多是當時的創世論（自然現象之解讀）、精靈、神、習俗等等，我做了前半部的筆記（後半部是風俗、儀式、咒語），也慢慢整理出四十五個主要（或較有特色）的鬼；後又發現不足百實在無法顯現馬來鬼之份量，於是有了第二輪的增補，加了「病鬼」一章，「自然鬼」和其他類也增加諸多；但最主要（有名）的鬼還是落在前面幾章，特別是和女性相關和飼養小鬼。

《馬來巫術》中的指的「Malay」（馬來），地理上非目前的馬來西亞，擴及印尼蘇門答臘、爪哇等地。當時的馬來文化和回教沒有太大關係（回教是後來的），而是混雜著印度教、佛教、泛靈論、阿拉伯、伊朗文化、聖經，

其中有非常多的「jinn」（類精靈）、「soul」（靈），萬物有靈。那個時代是「鬼時代」，所有巨大的自然物像是大樹、巨石皆認為裡面是有「鬼神」住的。必需好好照料才不會出來擾民。作者使用「magic」一字，內文有諸多紀錄是來自「magician」的口述，此魔術非「魔術」，而是「巫術」。馬來早期社會中的巫師（pawang、bomoh、dukun）為撒滿（shaman）角色，負責祭拜以求居民遠離疾病，作物免於蟲害。巫師為掌握天地之運作、各自然現像，介於人和自然界之溝通者。

於是書中提到的鬼神風俗，其實是不限於目前認知的「馬來人」（目前的「馬來文化」和「回教文化」關係密切）；而是廣大的、當時生活在這片馬來群島的原住民，這長期的「鬼時代」影響深遠，後又經電影的推波助瀾，造就了「馬來人很多鬼」的印象。

為什麼馬來人會有那麼多的鬼？

原因可概括為：

一、解釋疾病、生死；
二、解釋天災、人禍。

簡而言之是為了解釋一些當時無法解釋的現
像，比如：

為什麼有人在搬家後會突然生病，即便之前
一直很健康？
為什麼有些大樹會在半夜會發出聲音？
為什麼有人從山裡回來後突然生病？
為什麼有人搬進新居（有前屋主者）後無法

久住，會聽見有人說話的聲音？

　　為什麼墳場在半夜會有東西移動或發出聲音？

　　為什麼在開墾時發現的屍體會是碎片狀？

　　將鬼分類後，從以下角度看鬼：

　　一、其中以自然界中的鬼最多，風有風鬼、海有海鬼、山有山鬼等等，每塊岩石、沼澤、大樹、土地都有鬼，這是泛靈論的濃厚影響，也是解釋天災、疾病的鬼，還有一類是帶來疾病的鬼，像是啞巴、盲眼、嘔吐等。

　　二、圍繞難產為題，早期女性生產一隻腳踏進棺材裡，難產而死的女人似乎成為鬼中冤氣最高的鬼，和日本的姑獲鳥（也是難產女人變成的

鬼）有異曲之雷同處；也有一說是以鬼喚起大家對生產風險／醫療的重視。

三、小鬼和「復仇」、「守護」相關，人可藉由養小鬼來保護自己，幫自己做事（通常為不法），對付敵人之類。可視為人類因感自身的局限，藉由外力獲得更「強大」的生存處境。

四、有可能是大人為了嚇唬小孩不要在半夜與黃昏時分（waktu maghrib）外出所編造，或是晚上的娛樂故事。

最後，若你在近郊、山區林地、僻靜小路上看見什麼奇怪東西，請不要聲張，不要指，不要尖叫，他可能會跟著你回家。馬來習俗是當你夜歸，特別是家裡有小孩者，請回家後馬上洗澡再和小孩接觸。

後記

　　身為馬來西亞華人第三代，小時候並沒有耳聞太多的馬來鬼故事。

　　倒是長大後才陸續聽到一些，其中以「雲頂鬼故事」（請自行搜）最為可怕，另其它「有名的鬼」：「pontianak」（龐蒂雅娜）、「orang minyak」（油人／油鬼仔）八九是拜電影所影響，就算沒看過那些電影，多少也會聽過，還有馬來人養小鬼來偷東西之類的，因為生性膽小，對這類話題從來沒有興趣深究。

　　倒是長大後去爬了西馬最高峰大漢山，下山後，聽友人講起山裡的鬼故事，內容是什麼也忘了，只覺「還好是下山後才聽到」，好險沒觸碰到禁忌之類的，但卻隱約感受到馬來文化和大自然有某種神秘的關係。

　　直到過了很多年，覺得自己在異鄉住得夠久了，焉然生起想探究馬來鬼的興趣。

　　這個時候，不是說我不怕鬼了，而是可以

以另一角度看鬼（人類學、民俗學或心理學等等），不會覺得可怕，甚至是有趣。也或者是，那些鬼，已經成為歷史了。很多看起來就是醫學、科學未普及時的迷信；一方面這樣想，一方面也不會完全視為胡扯，這地表上人類不是老大，還有很多看不見的、不知道的東西吧。

馬尼尼為 2021/9/16

國家圖書館出版品預行編目（CIP）資料

馬來鬼圖鑑 / 馬尼尼為編繪 .-- 初版 .--
　　新北市 : 斑馬線出版社 , 2021.10
　　面；　公分
　　ISBN 978-986-06863-5-7（平裝）

　　1. 鬼靈　2. 馬來西亞

298.6　　　　　　　　　　　　　　　　110017048

馬來鬼圖鑑

編　　繪：馬尼尼為
總 編 輯：施榮華

發 行 人：張仰賢
社　　長：許　赫
出 版 者：斑馬線文庫有限公司
法律顧問：林仟雯律師

斑馬線文庫
通訊地址：234 新北市永和區民光街 20 巷 7 號 1 樓
連絡電話：0922542983
調查與研究贊助：國｜藝｜會
NCAF
本書為國家文化藝術基金會視覺藝術調查與研究：
馬來文化繪本成果之一

製版印刷：龍虎電腦排版股份有限公司
出版日期：2021 年 10 月
ISBN：978-986-06863-5-7
定　　價：300 元

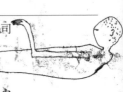